MARKETING Y PUBLICIDAD

CURSO PRÁCTICO PARA MARKETING Y
PUBLICIDAD

I0484441

5 claves básicas para el éxito de una campaña de
publicidad
EDITADO por: Fénix-Media ®
Autor: Inhar EastMoon
http://www.fenix-media.com

Este libro de aprendizaje te servirá de gran utilidad para aprender más sobre el Marketing y la Publicidad.
Durante años ha servido de gran uso para recibir e impartir cursos de marketing y publicidad, a cientos de miles de alumnos satisfechos con la adquisición de esta materia.

En él, se discuten diversos puntos básicos pero fundamentales que tú deberás de saber a la hora de ejercer en esta profesión.

Este e-book te ha llegado por cortesía de
www.beatube.net

Índice

INTRODUCCIÓN

Hay un sentimiento general en las pequeñas y medianas empresas sobre que hacer publicidad es algo tan sencillo que simplemente es hacer un anuncio y publicarlo, y que bajo esa perspectiva, evidentemente para eso no se necesita la ayuda de ningún profesional, ya que redactar un anuncio de texto o un simple cuadro con alguna foto y los textos de promoción de mi empresa lo puede hacer cualquiera, incluso yo mismo. Lo peor no eso, sino que una vez acabado, muchos de estos pequeños empresarios observan su trabajo y se confirman a si mismos que efectivamente se han ahorrado un montón de dinero y ellos han sido capaces de hacerlo perfectamente. Lo triste es que si llevarlo a cabo fuera solo eso, seria literalmente cierto, pero la realidad es muy distinta. Por algo existen las Agencias de Publicidad a todos los niveles.

Hacer una campaña de publicidad por corta que esta sea, es algo más complejo que lo que acabamos de describir, se trate del sector que se trate, y para eso es necesaria la ayuda de un profesional experimentado y en muchos casos de un equipo completo, que no solo nos van a ayudar a que dicha campaña sea más eficaz sino que seguramente nos ayuden a ahorrarnos bastantes euros. ¿Por qué digo esto? Muy sencillo, por que cuando queremos realizar cualquier tipo de campaña debemos seguir una serie de pasos y utilizar unos parámetros que sólo los profesionales conocen, ya sea por estudios, por experiencia o por ambas. Yo no me dedicaré a hacerme los muebles de mi casa, no me haré los análisis de sangre, no me encargaré de soldar las cañerías para acabar con una gotera, no me arreglaré los problemas eléctricos o de carburación de mi coche, ni empastaré mis muelas cuando me duelan por que las caries hayan perforado hasta el nervio.

Por muy sencillo que me parezca, para eso tengo claro que hay una serie de conocimientos que yo no poseo por el momento y prefiero confiarles esta tarea a los profesionales de cada área, principalmente por economía en unos casos y de salud en otros, pues si me pusiera a llevarlo a cabo yo por mi cuenta, lo único que conseguiría es alcanzar la maestría en chapuzas, y además de dolor sufriría algunas infecciones terribles.

La pequeña y mediana empresa hemos desarrollado a lo largo del tiempo el hábito del "hágaselo usted mismo" por simple economía, y eso nos lleva en muchos casos a ser mucho más que audaces y pasamos a convertirnos en verdaderos temerarios por el simple concepto de ahorrar costes y principalmente por que no podemos permitirnos el lujo de malgastar un solo céntimo de euro. Como forma de trabajo, podría estar bien e incluso podría ser aconsejable una buena dosis de esta filosofía de la optimización de recursos, sin embargo, lo llevamos a tales extremos que en muchos casos esos en teoría ahorros acaban costándonos mucho más caros y costosos que si lo hubiéramos puesto en manos de profesionales desde el primer momento.

En este e-book voy a tratar de resumir brevemente los puntos más importantes para alcanzar el éxito en nuestras campañas de publicidad, aunque en la mayoría de los casos sería conveniente ahondar muchísimo más y si se trata de campañas masivas con más motivo ya que es aún más complejo, pero al menos espero que lo escrito en este libro nos sirva para hacernos una idea.

CLAVE 1.- OBJETIVO DE LA CAMPAÑA –

Lo primero que debemos decidir es el objetivo de dicha campaña, ya que dependiendo de lo que queramos lograr se perfilará con estructuras diferentes. Con este planteamiento inicial, muchos de ustedes se estarán preguntando si hay otros objetivos diferentes que no sea tratar de captar clientes. Para la pequeña y mediana empresa creo en el 90% de los casos, efectivamente, lo que se persigue es captar clientes y obtener ventas, pero sin embargo hay otro tipo de campañas que buscan objetivos muy diferentes, por ejemplo hay campañas que sólo pretenden hacer branding, osea imagen de marca y que esa marca penetre en el mercado y se fortalezca; otras se realizan con el propósito de asociar esa marca a unos valores o unos sentimientos determinados; otras atraer la atención del publico para recordar que la empresa sigue estando en el mercado y recuperar antiguos clientes; otras en cambio tienen como objetivo informar al consumidor de determinados aspectos de un producto recién lanzado que están pasando desapercibidos o de una gama que ya esta en el mercado y del que se tiene una percepción diferente a la que se quiere comunicar y eso está perjudicando el posicionamiento del mismo hacia un nicho diferente, etc, y así podríamos enumerar muchas otras opciones, aunque a nivel de las pequeñas y medianas empresas, insisto, las campañas de publicidad tiene como objetivos más habituales:

☐ Captación de nuevos clientes.
☐ Lanzamiento de nuevos productos.
☐ Promoción de productos en stock.

Y dependiendo de lo que tratemos de conseguir, el lenguaje a utilizar deberá variar y enfocarse en la misma línea.

Y para ilustrar lo anterior pondré varios ejemplos significativos, y sólo pido que piense en lo que le refiero:

☐ Cuando vemos los anuncios de las dos mayores marcas mundiales de refrescos de Cola, ¿nos dicen que vayamos rápidamente a comprarlo a la tienda? ó por el contrario ¿nos suelen tratar de asociar la marca a determinados valores, a determinadas formas de actuar o pensar, a formas concretas de ver el mundo?

☐ Otro ejemplo, cuando vemos un spot televisivo de la marca BMW, ¿nos venden las prestaciones? ¿La velocidad? ¿La comodidad? O solo nos ponen un estilo de vida, y nos preguntan CONDUCES O TE CONDUCEN? ¿Eso es para que vayamos a comprar la oferta del mes? Evidentemente la música, el ritmo del anuncio, la voz, los colores, están milimétricamente estudiados para transmitirnos que cuando compramos esa marca estamos comprando algo más, unos valores, una clase social.

☐ Recientemente un anuncio de la bebida refrescante AQUARIUS nos explica una serie de datos sobre su estrategia publicitaria de marca enfocada inicialmente a deportistas, incluyendo el diseño del logo, y como sin hacer publicidad durante un periodo de un año, la marca ha subido en ventas y la consumen todas las clases sociales a pesar de sus esfuerzos publicitarios para posicionarla como bebida de deportistas, y finalmente nos pregunta "es el fin de la era del marketing? Es el principio de la era de Aquarius?" ¿Realmente crees que trata de decirte que es un refresco que calma tu sed mejor que la competencia y por eso debes beberlo? ¿O por el contrario, trata de incitarte a sentirte identificado con ese sentimiento de rebeldía al marketing, poniendo de fondo la canción de LA ERA DE ACUARIO de la famosa película "HAIR" (en donde se trataba el movimiento hippie de los años 60, caracterizado principalmente por esa rebeldía a las normas), y contándote que los que lo beben han hecho caso omiso a la imagen de bebida para deportistas?.

☐ Cuando vemos un anuncio en revistas o en televisión de una marca de perfumes, ¿acaso nos transmiten que es el mejor olor del mundo? ¿O por el contrario nos asocian la imagen a unos valores, a unos sentimientos, a unas emociones?

Podría estar enumerando ejemplos uno detrás de otro hasta llenar mas de 100 páginas, pero creo que ha quedado suficientemente claro y debemos analizar otros puntos importantes, sin embargo pondré un ejemplo práctico que nos ayude a comprenderlo desde un punto de vista de la pequeña y mediana empresa, y no desde las grandes marcas que estábamos citando.

Recientemente hemos lanzado un nuevo producto desde Fénix Media en el Departamento de Telecomunicaciones, se trata de la posibilidad de llamar desde España a más de 50 países sin tener que pagar una llamada internacional y los costes que eso supone, sino llamando a un teléfono con prefijo 902 y desde allí enrutar ese teléfono por IP hacia el destino que la persona quiera, pagando solo la llamada al 902, que es muchísimo más barata (de 0,04 € a 0,06 € por minuto).

Decidimos hacer una campaña de lanzamiento y lo primero que teníamos que definir era el objetivo de la campaña. Como no disponíamos del presupuesto suficiente para crear una marca y lanzarla masivamente durante unos meses para que finalmente se reconociera como la pionera de este tipo de servicios, como ocurre con los Kleenex en los pañuelos de papel, La Casera en las bebidas gaseosas o los Chupa-Chups en los caramelos con palo, tuvimos que enfocarnos en crear resultados a más corto plazo y decidimos que el objetivo de la campaña era captar clientes que probaran el servicio, comprobaran que eso suponía un ahorro y consiguieran la confianza en el mismo para que lo hicieran repetitivamente a lo largo del tiempo, pues el beneficio del producto no está en la primera llamada por el impulso generado por la publicidad, sino en conseguir que esos clientes tomen como habito llamar por ese teléfono en sus llamadas internacionales, y ese hábito hará que la rentabilidad llegue a medio plazo.

CLAVE 2.- DEFINIR EL TARGET

Una vez ya sabemos lo que pretendemos conseguir con nuestra campaña, deberemos definir cual es nuestro target o público objetivo de dicha campaña: deberemos definir su edad, sexo, clase social, estado civil, nivel cultural, y una serie de hábitos esenciales que necesitaremos tanto para el diseño como para la planificación de los medios. Por ejemplo y para que se entienda con mayor claridad, no es lo mismo tratar de alcanzar a una mujer ama de casa; de clase media, media / baja y nivel cultural medio, medio / bajo y de una edad de mas de 45, que una mujer profesional, trabajadora, de nivel cultural alto, de 25 a 45 años de edad. Ni los hábitos son los mismos, ni sus preocupaciones, ni su forma de consumir, ni accede a los mismos medios de comunicación, etc.

Este punto tiene suma importancia pues dependiendo de la exactitud de la definición que hagamos de nuestro público objetivo, a la hora de elegir los medios, podremos hacerlo con certeza, pero si no tenemos claro a quien nos dirigimos ni como hace su vida diaria, como se comporta, como y donde consume información y noticias, los hábitos de consumo que mantiene y las motivaciones que lo impulsan a actuar en una u otra dirección, lo más probable es que nuestra campaña sea un completo fracaso y no podamos terminar el proceso que estoy tratando de definir en este libro. Estos puntos son como una escalera, no debemos saltarnos un solo escalón pues lo más seguro es que demos un tremendo traspiés y nos caigamos rodando hasta el rellano. De nuevo pondré ejemplos que nos iluminen este importante punto:

Hace un tiempo un cliente nos pidió que le planificáramos una campaña de publicidad, pero cuando os reunimos con los dos socios les hicimos precisamente esta pregunta ¿a quien quieren dirigir la campaña?. Se miraron entre ellos y la respuesta fue: " a todo el mundo", Entonces insistí de nuevo formulándola de otra manera "¿quién es el cliente habitual del gimnasio?

¿mujeres? ¿hombres? ¿trabajadores? ¿desempleados? ¿estudiantes? ¿de mas de 20¿ ¿entre 20 y 45? ¿mas de 45? ¿de que clase social?" me miraban estupefactos. Su respuesta fue que nunca habían analizado este punto, pero lo que luego me confesaron es que nunca habían tenido una campaña de publicidad que hubiera obtenido realmente resultados satisfactorios. Para matar la curiosidad, terminaré esta historia diciendo que su perfil principal eran dos: por un lado jóvenes con ganas de hacer musculación y por otro mujeres de clase social alta, entre 25 y 45, amas de casa y que desean poder mantenerse esbeltas para no ver que los años pasan y los kilos también.

Otro ejemplo y volviendo a la campaña de las llamadas internacionales, y tras tener claro el objetivo de la misma, lo segundo era definir quienes eran los clientes a los que queríamos dirigirnos, y por ello teníamos que estudiar quienes eran los potenciales clientes en general. Estuvimos estudiándolo detenidamente, y pensamos que había muchos tipos diferentes de públicos objetivos: agencias de viajes que se lo dieran a sus clientes que viajaban al extranjero y les pudieran llamar desde España; colegios de alto nivel que envían a sus alumnos al extranjero en verano; empresas que se dedican a enviar alumnos al extranjero para aprender idiomas y como un valor añadido lo comunicaran a los padres para que les pudieran llamar cuando quisieran; etc, y así hasta 12 enfoques diferentes, pero las campañas no se podían enfocar a todos los target al mismo tiempo. Después de valorarlo, elegimos dos target muy diferenciados: por un lado extranjeros e inmigrantes que viven en España y que necesitan llamar a su país de origen para hablar con su familia, y por otro empresas que hacen negocios con empresas de otros países y por tanto hacen llamadas fuera de España para tratar con proveedores, clientes o sus propias delegaciones. Como se puede ver unos son personas físicas y en el otro son empresas, por lo cual los enfoques no podían ser los mismos

CLAVE 3.- ELECCIÓN DE LOS MEDIOS Y SU PLANIFICACIÓN. –

La tercera clave para lograr el éxito en una campaña de publicidad, es la elección y planificación de los medios y ahí siempre nos topamos con algunos escollos importantes, ya que el presupuesto define en la mayoría de los casos hasta donde podremos llegar y tristemente eso recorta muchas campañas dejándolas más que cojas. Para esto también hace falta un profesional ya que si hemos dicho anteriormente que públicos objetivos diferentes tienen hábitos diferentes, consumen medios de comunicación diferentes y a horarios diferentes, pues habrá que ser consecuentes y tomarlos en cuenta ó de lo contrario tiraremos nuestro dinero y nos preguntaremos después por que no ha tenido ninguna eficacia una publicidad tan bonita y tan bien pensada. Para poner un ejemplo que nos ilustre este punto tan importante, imaginemos que queremos llegar a esa mujer que comentábamos antes: ama de casa; de clase media, media / baja y nivel cultural medio, medio / bajo y de una edad de mas de 45 y nos ofrecen una publicación que tiene una tirada de 150.000 ejemplares semanales ¿seria el medio adecuado? Siempre depende, por que si es una publicación que tiene un lector que es 95% hombres, estaremos tirando nuestro dinero aunque nos hagan la oferta del siglo (y estense seguros que con esa tirada los precios no serán precisamente baratos). Yo conozco algunos ejemplos reales de mis clientes que antes de trabajar con nosotros decidieron que una publicación como la que acabo de definir era muy interesante, e hicieron inversiones importantes. Por ejemplo una empresa cuyos clientes objetivos son mujeres amas de casa, compró una valla publicitaria en un campo de fútbol de segunda división, porque le dijeron que acudían al campo X miles de personas cada sábado y Domingo a los partidos de los diferentes equipos de la zona y le propusieron un precio relativamente barato. Os podéis imaginar que los resultados fueron nulos a pesar de que la cantidad de personas que vieron su valla fue la prevista. ¿le habían engañado? Ni mucho menos, las personas que le prometieron eran correctas, pero lo que un profesional hubiera detectado de inmediato es que su publico objetivo no sería de mas de un 5% del total de los impactos que consiguiera, y si medimos el coste por impacto, sería un precio tremendamente desorbitado.

* El coste por impacto se calcula de esta manera: si la publicidad la ven por ejplo. 50.000 personas y la publicidad ha costado 600 €, pues dividiremos el dinero entre las personas y obtenemos que cada persona que ha visto nuestra publicidad nos ha costado 0,012 €, pero si añadimos el dato de que de esas 50.000 personas, solo el 15% eran nuestro publico objetivo, realmente tendremos un valor válido de 7.500 personas y si volvemos a calcular, los números salen bien distintos pues hablamos de 0,08 €, osea casi siete veces más cara.

En la planificación intervienen varios aspectos a destacar, por un lado el target que acabamos de comentar, por otro la tirada que tenga la publicación si es un medio escrito, o la audiencia que tenga si se trata de medios audiovisuales: una radio o una televisión. Y tanto en un caso como en otro, existen parámetros que miden objetivamente las audiencias, las tiradas y la difusión de los mismos por entidades reconocidas cuya objetividad está fuera de controversia y cuyos estudios se aceptan como estándares en el mercado, pero hay muchos otros medios que no están regulados por dichos organismos / empresas, y los datos que nos sueles facilitar para vendernos que son el medio más apropiado no están contrastados con organismos ajenos a la propia publicación y por ello, la opinión del profesional y su experiencia, van a ser claves a la hora de elegir un medio u otro, pues en muchos casos, estos números son inflados o manipulados para convencer al cliente de que ese periódico, revista, radio o televisión local es la más apropiada e invierta en ese medio.

Por poner un ejemplo las Televisiones Locales de más audiencia tienen datos reales de la cantidad de personas que ven su canal, y nos presentan las cifras para nos asombren y elijamos su medio, pero esa cantidad de X miles de personas de audiencia ¿son instantáneas, acumuladas diarias, semanales o mensuales? Por que son cuatro datos muy diferentes y muchos de esos comerciales utilizan el acumulado mensual sin explicarlo y nos lo presentan como si fueran las audiencias de las grandes cadenas que son instantáneas. Y esa diferencia solo la conoce el profesional de la Agencia., y ahora usted.

Por ejemplo, un lugar para conocer la tirada y difusión de los medios impresos es la O.J.D. OFICINA DE JUSTIFICACIÓN DE LA DIFUSIÓN http://www.ojd.es

Es una sociedad mercantil cuyo objetivo es obtener y facilitar información útil y puntual de la difusión y distribución de las publicaciones periódicas para uso de anunciantes, agencias de publicidad, editores y demás personas o entes interesados. En la actualidad controla la tirada y difusión de 835 publicaciones impresas, y el tráfico (páginas vistas y visitas) de 134 medios electrónicos de comunicación.

Aquí podremos encontrar datos objetivos y reales, aunque en muchos casos, como mencionaba anteriormente, no encontraremos el medio que nos han ofrecido porque no está controlado por esta Oficina (ese control tiene un coste importante para la publicación y muchas prefieren ahorrárselo). Aunque estoy seguro que todos ustedes conocen su significado voy a aprovechar este momento para definir las palabras más importantes que estamos usando por si alguno tiene alguna duda de lo que quieren decir:

Tirada: Es el numero de ejemplares que se han impreso de una publicación escrita.

Difusión: Es el número de ejemplares que finalmente se han vendido de esa misma publicación.

Como ven, hacer publicidad es algo más complejo que hacer un anuncio y publicarlo, aunque tengo que reconocer que desde la parte de la Agencia o del Medio es muy divertido, es un mundo muy interesante, es un reto diario por investigar nuevos soportes, por aprender continuamente, por mejorar la efectividad.

Siguiendo con el ejemplo que hemos visto en los puntos anteriores, el de los teléfonos para llamadas internacionales, estuvimos estudiando donde podíamos encontrar a nuestros targets, donde encontrábamos a nuestros públicos objetivos. En el caso de los inmigrantes estudiamos los medios y encontramos varias publicaciones específicas de diferentes nacionalidades: una para la comunidad latina o hispanoamericana, otra para la comunidad árabe y de los países del este de Europa, etc, en donde tras negociar la continuidad de la campaña durante un periodo de 6 meses, pudimos conseguir unos descuentos importantes que un cliente final nunca hubiera conseguido.

Por otro lado vimos que estas personas extranjeras se concentran en diferentes barrios o municipios de la provincia de Madrid según su origen, la zona de Cuatro Caminos se llama el pequeño Caribe, en Lavapiés viven mucha personas de procedencia de países de la zona árabe o musulmana, en Torrejón al parecer es la zona donde se encuentra la mayoría de colombianos de la región, etc., por lo que decidimos hacer un buzoneo de algunas zonas, pero ahora quedaba definir cuales. Lo primero fue conocer la cantidad de domicilios que existían en cada uno de los distritos elegidos y lo segundo investigar en diferentes organismos el porcentaje de inmigrantes en cada una de esas zonas, y de esta forma saber el total de ejemplares que necesitaríamos imprimir. Realmente sencillo, ¿verdad?

A la hora de elegir los medios hay que pensar asimismo en la profundidad de nuestra campaña, me refiero al decir profundidad a si se trata de una campaña puntual que promociona una venta de un producto con una caducidad determinada, osea que es una oferta que es valida durante 30 ó 60 días por poner un ejemplo, o si estamos promocionando los servicios de la empresa sin límite de tiempo. Esto lo digo por que hay medios que nos van a proporcionar mayor profundidad que otros. Por verlo más claro, si hacemos la campaña en prensa diaria ya sea de pago o gratuita , es un medio que tiene una vigencia concreta y difícilmente nadie guarde el periódico de hoy para leerlo 20 días después, y sin embargo una revista femenina semanal, la vamos a encontrar en peluquerías, clínicas estéticas y consultorios médicos mucho tiempo después de haber sido publicadas (yo personalmente he encontrado en algún caso ediciones de un año atrás).

CLAVE 4.- LA COMUNICACIÓN

Cuando llega el momento del diseño del anuncio hay un factor que se olvida frecuentemente, que es previo al diseño como tal y que si no lo hacemos correctamente, podemos dar al traste con toda la campaña: la comunicación del mensaje.

Cuando hablo de comunicación me estoy refiriendo a la forma en que vamos a concebir el mensaje que queremos lanzar. La forma de concebir esa comunicación se basa en algo tan simple como en tratar de hablarle, llegarle, comunicarle al cliente potencial en función de lo que él necesita y no en función de lo que nosotros necesitamos. Si diseñamos la comunicación del anuncio o spot pensando en lo que queremos vender, nunca, y repito, NUNCA conseguiremos que tenga eficacia nuestra publicidad. La única manera de llegar a conseguir que nuestro cliente objetivo sienta que ese anuncio le interesa, es hacerla pensando en lo que él necesita. Al cliente no le importa lo mas mínimo lo que nosotros queremos vender, solo le interesa lo que concierne con su vida y lo que satisface sus necesidades o ambiciones, el reto ni lo mira. Y no nos olvidemos que nosotros somos clientes y actuamos de la misma manera, si reflexionamos podremos avanza bastante para comprender este punto.

Como siempre, lo mejor son los ejemplos: Algunos de nuestros clientes tienen Gabinetes de Tarot y Videncia y muchas veces tenemos que diseñarles su publicidad con el objetivo de que les llamen a su línea de teléfono o acudan a sus consultas. Bien, pues si diseñamos la comunicación pensando en las necesidades que tiene el Gabinete diremos cosas como estas : "El mejor Gabinete de Tarot, llámanos y compruébalo" " La línea más profesional, esperamos tu llamada", sin embargo si cambiamos el enfoque y lo diseñamos enfocados en lo que necesitan las personas a las que queremos impactar para que llamen, diremos cosas diferentes como estas:

"¿tienes problemas de Amor? ¿Te inquieta el futuro? Llámanos". El mensaje no es el mismo y se percibe diferente al leerlo.

Este problema no es solo de la publicidad, es un problema habitual que ocurre en los departamentos comerciales de muchísimas empresas, ya que nos solemos enfocar en las necesidades de conseguir las ventas y no en lo que la otra persona necesita oír, nos enfocamos en las características del producto y no en los beneficios que puede ofrecer al cliente, pues la publicidad se basa en los mismos principios. Al cliente solo le interesa los beneficios que puede obtener con ese producto o servicio, el resto es molestarle.

Además de la forma de transmitir, otro detalle importante es el tipo de letra, osea la fuente que usemos y el tamaño de la misma. Por ejemplo deberemos mantener la misma fuente corporativa en todas nuestras comunicaciones y campañas publicitarias que la que habitualmente haya en nuestras cartas, tarjetas, y resto de papelería que usemos. Aunque no tengamos un libro de estilos, con saber el nombre de la fuente y los tamaños que usamos será suficiente por el momento.

Sin embargo las fuentes que utilizaremos para los texto que se incluyan en nuestra publicidad deberán ser cuidadosamente cuidados, pues el tipo de letra transmite percepciones muy diferentes. Por ejemplo si usamos una letra tipo ordenador inmediatamente nos asociarán con productos de ese sector, si usamos fuentes con muchos ribetes y muy elaborada, asociarán nuestro producto a algo clásico y antiguo, y así múltiples ejemplos.

Todo esto no es ni bueno ni malo, solo es algo que deberemos conocer y manejar para no vernos perjudicados por desconocimiento, y si no lo conocemos, buscar a un profesional que nos asesore.

CLAVE 5.- EL DISEÑO

Todo esto que estamos definiendo va marcando el tipo de diseño que habremos de realizar, y ahí no sirve decir como me han dicho en algunas ocasiones que da lo mismo, que no es tan importante. Lo siento pero no estoy de acuerdo, ya que los colores, las fotografías, el lenguaje del módulo o del spot, la forma en que se introducen los textos en la comunicación, el tipo de fuente, las texturas, los tamaños (no dicen las mujeres que el tamaño si importa??, pues aquí también) de los mismos si estamos hablando de anuncio en prensa o revistas... todos estos aspectos son claves a la hora de que consigamos comunicar nuestro mensaje o nos quedemos simplemente en publicar nuestro anuncio.

Respecto al tema de los colores solo mencionaré que hay que tener en cuenta las percepciones sociales que hay de algunos, y que va a determinar que se asocie nuestra empresa o nuestro producto a determinadas áreas o conceptos, y si lo hacemos conscientemente y conociendo esas asociaciones, podremos transmitir determinadas cosas sin decirlas y que nos ayuden al objetivo final, o por el contrario, si lo hacemos sin contar con ellas u obviándolas podremos darnos cuenta tiempo después que hemos transmitido al mercado una percepción de nuestro producto que nada tiene que ver con lo que realmente es.

Por ejemplo, en temas de Tecnología, Telecomunicaciones, Informática, el color azul se asocia con avances, con tecnología, con innovación. En temas de salud el color azul con fondos claros ó blancos esta asociado a Clínicas, Hospitales, Compañías de Seguros Médicos, etc. En temas de alimentación, el color ocre similar al del trigo se asocia a productos naturales, menos elaborados, con menos química, y los fondos blancos a los alimentos ligeros, light, que no engordan. En temas de higiene, los tonos verdes y azules siempre que no sean oscuros se asocian a productos mas naturales, y si es con fondos claros transmiten mayor poder de limpieza y de cuidado de la piel. Estas asociaciones son importantes, pero no son las únicas, y a la hora de crear nuestra publicidad deberemos tener en cuenta no solo las que acabo de enumerar sino muchas otras que las grandes marcas han ido creando a lo largo del tiempo, por ejemplo si utilizamos el color morado en productos de Telecomunicaciones muy probablemente se percibirá que se trata de una empresa satélite de AUNA ya que desde sus inicios, cuando se llamaba Retevisión ha estado utilizando ese color como color corporativo, y si eso es lo que queremos lograr, bienvenido, pero si lo hacemos inconscientemente, después va a ser difícil de limpiar esa imagen. Igualmente si las letras son de color verde fluorescente sobre fondo azul, lo asociarán con Telefónica de España, y como estos hay múltiples ejemplos que solo un profesional acostumbrado a trabajar diariamente en este campo, puede ayudarnos al menos a no meter la pata por ignorancia.

Respecto al diseño en sí, este es un punto demasiado extenso para tratar de resumirlo en este libro, por lo que solo daré algunas pautas importantes que puedan guiarnos para no cometer errores de bulto. Por ejemplo, uno de los errores más comunes es tratar de contar en un pequeño anuncio todas las características, los beneficios, la forma de usarlo, los sitios donde adquirirlo, la garantía, la solidez de la marca y no se cuantas cosas mas. Imposible que nuestro anuncio tenga eficacia basándonos en que hay que contarle todo. Imposible.

Deberemos elegir las frases cuidadosamente, pero nunca deberemos sobrecargarlo, por un principio esencial, si a primera vista al lector le cuesta leerlo, mirará a otro sitio y habremos pasado cerca de su vista pero... no habremos dado en la diana.

Yo suelo recomendar a mis clientes que piensen en una frase corta que resuma el principal o los principales beneficios del producto o del servicio y esa será la que situemos en mayor tamaño, en color que contraste con el color de fondo de tal manera que aunque no estuviera mirando nuestro anuncio, al menos le llame la atención esa frase ya que si la hemos creado adecuadamente, después de leerla, mirará el resto del anuncio. Otro error común es no fijarse en los contrastes entre los colores del texto y del fondo.

Me refiero a que muy probablemente pongamos alguna imagen de fondo, al menos mucha de la publicidad las usa, y cuando situamos el texto encima, nos solemos fijar en que contraste con el fondo pero las letras que pisan la imagen, en donde el color no es liso sino que tiene diferentes tonalidades, hace que no se pueda leer con claridad y en algunos casos que ni se entienda lo que queremos decir, al no ser posible leer las primera o últimas letras o palabras dela frase, y eso ha dado al traste con la campaña, por una nimiedad hemos perdido una inversión que para nosotros puede ser muy importante no solo por el coste sino por la expectativa de venta que esperamos. Ayer mismo lo he comprobado por mi mismo al ver un anuncio de un curso que me interesaba, pero los datos de la empresa estaban en letra negra y de fondo había una imagen repleta de color (seguramente granate), pero al tratarse de un periódico en blanco y negro, se había convertido en un gris oscuro, y no permitía ver ni el nombre de la empresa, teléfono o la dirección.

El anuncio genial, pero un solo fallo ha derribado toda la inversión (y a mi me han dejado sin curso). Esto se soluciona imprimiéndolo en color o en blanco y negro (según como vaya a ser publicado) una vez lo tengamos hecho para comprobar el resultado óptico y corregir los detalles, y hacer esto cuantas veces sea necesario, aunque nos cueste un cartucho de la impresora, pues siempre será más barato gastar un cartucho que hacer una campaña que no lee nadie.

Uno de los trucos que habitualmente se usan en estos casos es tratar con el Photoshop las palabras que pisan las imágenes que tiene un color similar, ya que este programa permite crear un contorno alrededor de la letra y elegir el color de ese contorno, un truco simple pero muy efectivo.

6.- PUNTUALIZACIONES FINALES

Para terminar no quisiera concluir sin hacer por último dos puntualizaciones que considero muy importantes: la primera es pedir disculpas a los colegas profesionales de la publicidad por mi simplicidad a la hora de exponer cada tema, y en donde me he dejado a propósito muchos aspectos importantes, pues se trata de dar una visión general a profanos y no impartir una cátedra de cómo se realiza una campaña; y la segunda es hacia ustedes, que les recomiendo que cuando hagan sus campañas de publicidad se asesoren de una Agencia, reúnanse con varias y escojan la que mejor les entienda, la que mejor les transmita, la que perciban como más profesional, la que esté especializada en su sector, la que quieran, pero dejen que los especialistas hagan su trabajo, les ayudarán a comunicar, les ahorrarán mucho dinero y al final tendrán mejores resultados. Recuerden, yo no arreglo el carburador de mi coche ni me autoempasto las muelas cuando tengo una caries.

Espero que estas breves pautas sean de utilidad y les ayuden a fortalecer sus negocios, y a que su publicidad sea mas eficaz y rentable. Si tiene alguna duda al respecto sobre estos temas o sobre alguna de las explicaciones hechas en este libro pónganse en contacto conmigo en este email antoniodomingo@fenix-media.com que muy gustosamente trataré de aclarárselas.

Como final, a continuación incluyo algunos recursos que considero útiles y prácticos y que hemos ido creando para ayudar a las pequeñas y medianas empresas a seguir manteniéndose vivas y creciendo en este mercado tan competitivo.

Saludos muchos éxitos a todos.

Sobre el autor:

Inhar EastMoon es actualmente el Director Gerente de la Agencia de publicidad FÉNIX MEDIA Desarrollos de Publicidad, Comunicación y Audiotex, empresa con tres áreas de negocio principales:

• Agencia de Publicidad – Esta parte de la empresa es la más consolidada y que le ha hecho ganarse un tremendo prestigio en el sector. Incluye desde el diseño, planificación de medios; análisis de mercados; etc. hasta la explotación comercial exclusiva de algunos medios de comunicación.

• Telecomunicaciones – Como distribuidor de varias compañías de telecomunicaciones, se desarrollan y venden productos a la medida del cliente, principalmente relacionados con Líneas de Tarificación Adicional, Líneas con prefijos 902 para empresas y Líneas 902 para llamadas Internacionales de bajo coste.

• Nuevas Tecnologías – Dentro de Fénix Media este es el Departamento con mas proyección actualmente, ya que engloba desde soluciones web a la medida con asesoramiento de estrategias de éxito garantizadas; Líneas de tarificación Adicional para profesionales y Marketing con el móvil, todo ello para la pequeña y mediana empresa

Antonio Domingo es Técnico Especialista en Mecánica de Mantenimiento de Aeronaves, y hace 14 años dio un giro a su carrera profesional enfocándola al Marketing y la Publicidad. Desde entonces ha pasado por diferentes puestos y empresas, en donde podemos mencionar entre otros el de Director

Ejecutivo de la ONG FO-INTER; Director de la empresa FORMAEMPLEO, empresa de asesoramiento y búsqueda de empleo; Director Gerente de otra Agencia de Publicidad, y actualmente compagina su puesto en Fénix Media con el de Consejero en Infonos e-Consultores. Durante los últimos 13 años ha impartido más de 100 conferencias en más de 10 ciudades de España sobre temas en los que está profundamente formado: Marketing y Ventas; Administración del Tiempo; Planificación de Metas; Motivación y desarrollo personal; y Formación de equipos Comerciales . Asimismo ha participado en el desarrollo de estrategias comerciales y en muchos de los casos formando los equipos de ventas y de asesores comerciales en sectores tan diferentes como: Seguros; Vending; Higiene y Limpieza; Productos Vitamínicos; Publicidad; Telecomunicaciones; Servicios de Asesoramiento Legal a Inmigrantes; Empresas de Trabajo Temporal; y muchos otros.

Recursos útiles

Seguidamente encontrarás algunos recursos que te ayudarán a completar y a mejorar tus conocimientos y formación sobre como hacer negocios en internet de forma correcta.

Fenix Internet y Negocios

Tipo de recurso: Boletín por suscripción gratuita.

TEMAS: Como hacer negocios por internet

RESUMEN: Año de publicación 2004 Desarrolla temas relacionados con las formas de hacer negocios en internet, para pequeñas y medianas empresas

Acceso: Voluntaria y gratuita

Actualizado: Mensual.

Editor: Inhar EastMoon

Fenix Telecom Newsletter

Tipo de recurso: Boletín por suscripción gratuita.

TEMAS: Telecomunicaciones y nuevas tecnologías

RESUMEN: Las Telecomunicaciones evolucionan muy rápidamente, y estar al día puede suponer la gran diferencia. Recibe en exclusiva mensualmente por e-mail las noticias más importantes del último mes, artículos de interés escritos por los mejores profesionales, ofertas, novedades y muchas otras cosas que surjan en el sector.

Acceso: Voluntaria y gratuita

Actualizado: Quincenalmente.

Editor: Inhar EastMoon

InfonoNews: Internet & Marketing Newsletter
Tipo de recurso: Boletín por suscripción gratuita.
TEMAS: Negocios y marketing por internet
RESUMEN: Desde 1998 venimos ofreciendo a nuestros
SUSCRIPTORES voluntarios, una gran selección de opiniones,
artículos, técnicas, trucos y consejos, que les han ayudado a mejorar
sus negocios en internet.
Dirección web: http://www.infononews.com
Acceso: Voluntaria y gratuita
Actualizado: Quincenalmente.
Editor: Roberto R. Cerrada http://www.infonos.com
BoletinesdeNegocios.com
Tipo de recurso: Sitio web en internet.
TEMAS:
Catálogo de boletines electrónicos sobre internet, marketing,
negocios y nuevas tecnologías.
RESUMEN:
Un completo directorio donde podrás encontrar diferentes boletines
electrónicos, la mayoría por suscripción gratuita y voluntaria (opt-in)

Acceso: Acceso libre.
Actualizado: Mensualmente.
Editor: Roberto R. Cerrada http://www.infonos.com
Serie Consejos Demoledores
Tipo de recurso:
CURSO POR E-MAIL
TEMAS: Curso de 7 días por e-mail, donde aprenderás a iniciar y
enfocar correctamente tu negocio en internet.
RESUMEN:
Un completo directorio donde podrás encontrar diferentes boletines
electrónicos, la mayoría por suscripción gratuita y voluntaria (opt-in)

Acceso: Curso gratuito por suscripción
Actualizado: 2004
Editor: Roberto R. Cerrada http://www.infonos.com

Cartas de Ventas: Como hacer una carta de ventas vendedora
Tipo de recurso:
Curso en Audio y Texto
TEMAS:
Vender a través de internet GARANTIA DE SATISFACCIÓN 100%
Como hacer presentaciones vendedoras. Un completo curso, que te
mostrará como realizar una presentación de ventas GANADORA.
Con ejemplos prácticos y casos de éxito.
Dirección web:
www.boletinesdenegocios.com/ebo5-cartadeventas
Boletines Electrónicos: Guía paso a paso para crear y rentabilizar tu
propio boletín electrónico
Tipo de recurso:
Manual didáctico [Incluye Casos prácticos]
TEMAS:
Vender a través de internet GARANTIA DE SATISFACCIÓN 100%
¿Sabía que los Boletines electrónicos constituyen el proyecto más
rentable dentro del modelo de negocios de Internet?.
Tener un boletín electrónico por suscripción voluntaria le permite
establecer una presencia efectiva en la Red y no hay nada más
valioso para su negocio que tener una publicación que es distribuida
cumplidamente cada na o cada mes. semana, cada quince
APRENDA AHORA A DESARROLLAR UN BOLETÍN
ELECTRÓNICO, haciendo que VENDA para usted ...

Los 16 MITOS que ahogarán su negocio en internet
Tipo de recurso:
MANUAL (Con derechos de REVENTA incluídos)
TEMAS:
Los secretos de hacer negocios en internet. GARANTIA DE
SATISFACCIÓN 100%
Con este manual, usted no solo conseguirá aprender que es lo que
está MATANDO las VENTAS de su negocio en internet, sino que
además podrá obtener INGRESOS ADICIONALES, VENDIENDO
ESTE MANUAL y QUEDÁNDOSE CON EL 100% de LOS
INGRESOS.